Impressum
Verlag: BABADADA GmbH, Nedderfeld 112 , 22529 Hamburg
Geschäftsführer / Verlagsleitung: Harald Hof
Druck: Books on Demand GmbH, In de Tarpen 42, 22848 Norderstedt

Imprint
Publisher: BABADADA GmbH, Nedderfeld 112 , 22529 Hamburg, Germany
Managing Director / Publishing direction: Harald Hof
Print: Books on Demand GmbH, In de Tarpen 42, 22848 Norderstedt

koulu
Szkoła

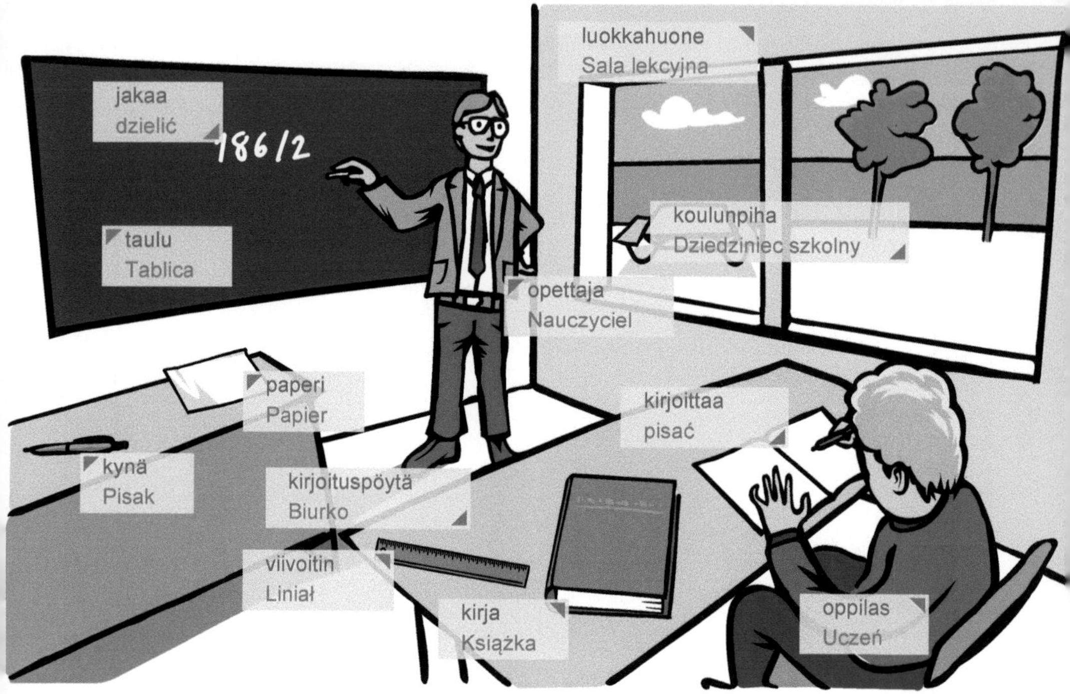

luokkahuone
Sala lekcyjna
jakaa
dzielić
186/2
taulu
Tablica
koulunpiha
Dziedziniec szkolny
opettaja
Nauczyciel
paperi
Papier
kirjoittaa
pisać
kynä
Pisak
kirjoituspöytä
Biurko
viivoitin
Liniał
kirja
Książka
oppilas
Uczeń

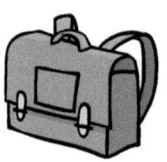

reppu

Plecak szkolny

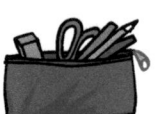

penaali

Piórnik

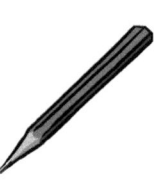

lyijykynä

Ołówek

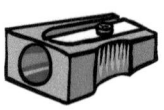

kynänteroitin

Temperówka

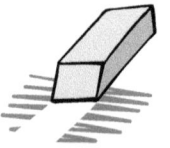

pyyhekumi

Gumka do mazania

piirustuslehtiö

Blok rysunkowy

piirustus

Rysunek

pensseli

Pędzel

vesivärit

Pudełko z akwarelami

sakset

Nożyce

liima

Klej

harjoituskirja

Książka do ćwiczenia

kotitehtävä

Zadanie domowe

luku

Liczba

lisätä

dodawać

vähentää

odejmować

kertoa

mnożyć

laskea

liczyć

kirjain

Litera

aakkoset

Alfabet

sana

Słowo

teksti

Tekst

lukea

czytać

liitu

Kreda

oppitunti

Godzina

opettajan muistikirja

Dziennik lekcyjny

koe

Egzamin

todistus

Świadectwo

koulupuku

Mundurek szkolny

koulutus

Wykształcenie

sanakirja

Leksykon

yliopisto

Uniwersytet

mikroskooppi

Mikroskop

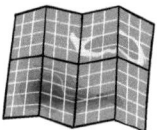

kartta

Mapa

roskakori

Kosz na odpadki

matka
Podróż

hotelli
Hotel
Grand
retkeilymaja
Schronisko
ROOMS
rahanvaihto
Kantor wymiany walut
EXCHANGE
matkalaukku
Walizka
auto
Auto

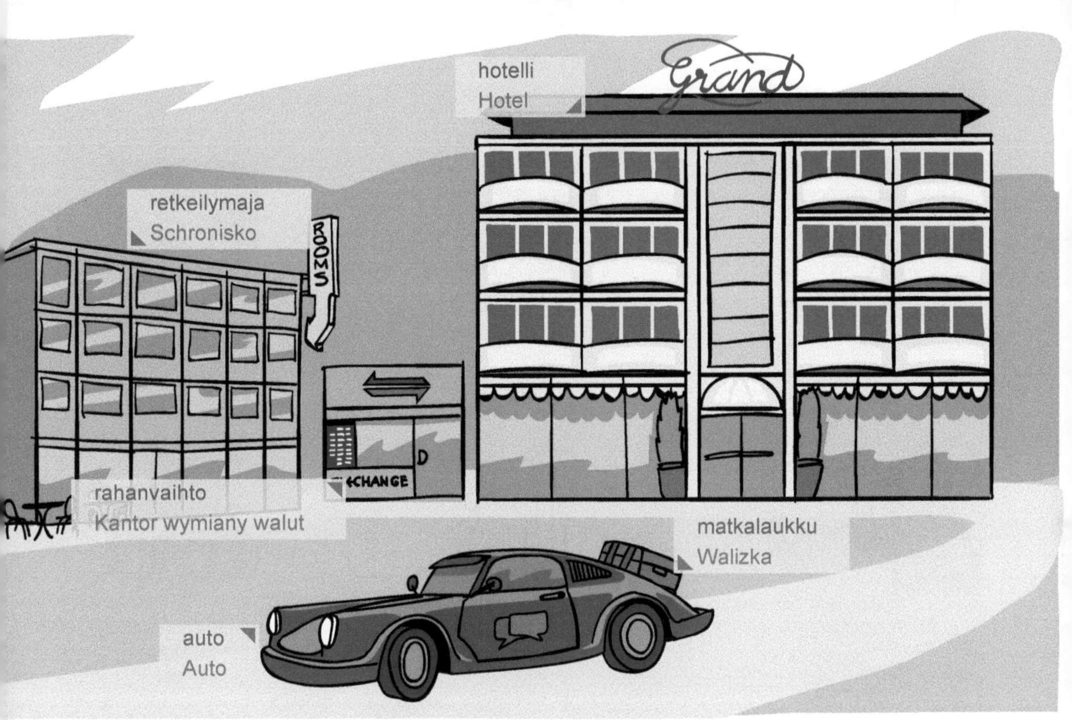

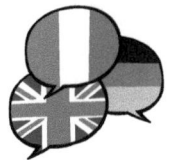

kieli

Język

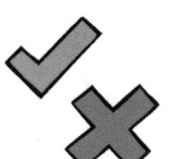

kyllä / ei

tak / nie

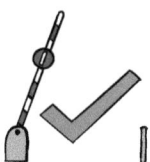

selvä

OK

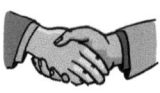

hei

Halo

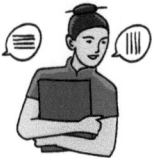

tulkki

Tłumacz

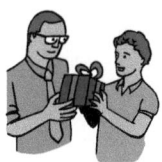

kiitos

Dziękuję

Paljonko...maksaa?

Ile kosztuje ...?

en ymmärrä

Nie rozumiem

ongelma

Problem

Hyvää iltaa!

Dobry wieczór!

Hyvää huomenta!

Dzień dobry!

Hyvää yötä!

Dobranoc!

näkemiin

Do widzenia

suunta

Kierunek

matkatavarat

Bagaż

laukku

Torba

reppu

Plecak

vieras

Gość

huone

Pokój

makuupussi

Śpiwór

teltta

Namiot

turisti-info

Informacja turystyczna

ranta

Plaża

luottokortti

Karta kredytowa

aamupala

Śniadanie

lounas

Obiad

päivällinen

Kolacja

matkalippu

Bilet

hissi

Winda

postimerkki

Znaczek na list

raja

Granica

tulli

Cło

suurlähetystö

Ambasada

viisumi

Wiza

passi

Paszport

kuljetus
Transport

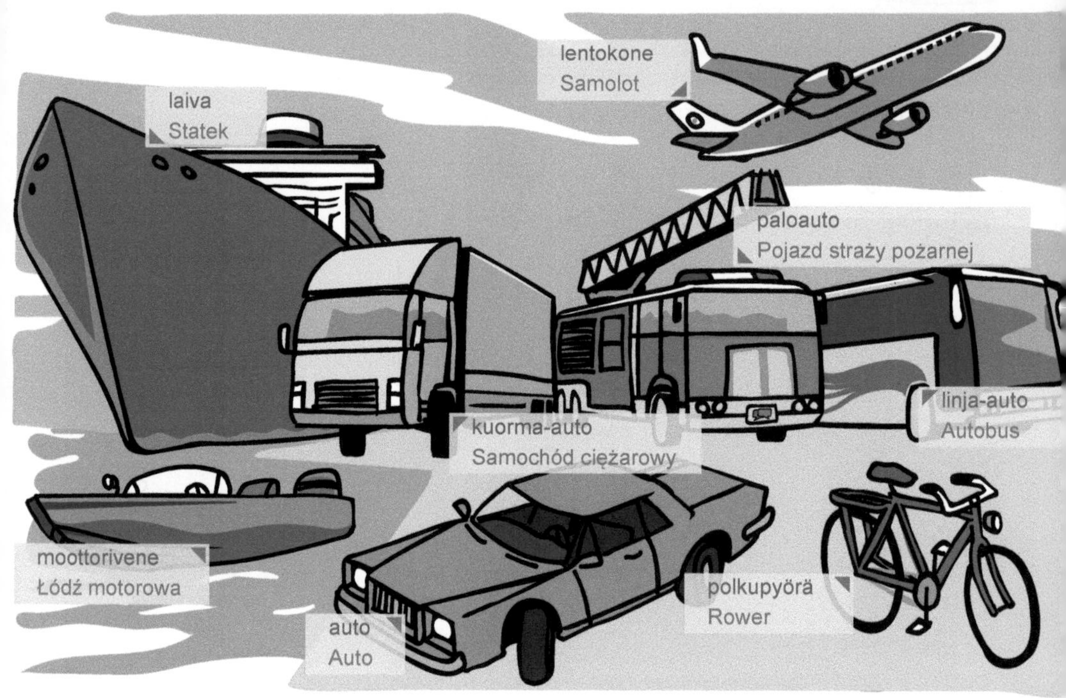
lentokone
Samolot
laiva
Statek
paloauto
Pojazd straży pożarnej
linja-auto
Autobus
kuorma-auto
Samochód ciężarowy
moottorivene
Łódź motorowa
polkupyörä
Rower
auto
Auto

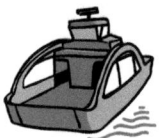

lautta
Prom

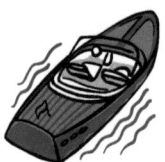

vene
Łódź

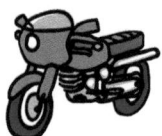

moottoripyörä
Motocykl

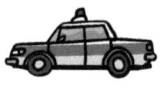

poliisiauto
Radiowóz policyjny

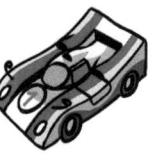

kilpa-auto
Samochód wyścigowy

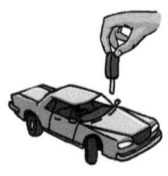

vuokra-auto
Samochód wypożyczony

car sharing

Wspólne przejazdy
samochodem

hinausauto

Samochód pomocy
drogowej

roska-auto

Śmieciarka

moottori

Silnik

polttoaine

Benzyna

huoltoasema

Stacja benzynowa

liikennemerkki

Znak drogowy

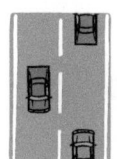

liikenne

Ruch

ruuhka

Korek

parkkipaikka

Parking

rautatieasema

Dworzec

raiteet

Szyny

juna

Pociąg

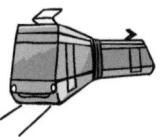

raitiovaunu

Tramwaj

vaunu

Wagon

helikopteri

Helikopter

lentokenttä

Lotnisko

lähilennonjohto

Wieża

matkustaja

Pasażer

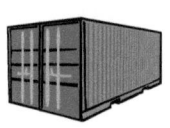

kontti

Kontener

pahvilaatikko

Karton

kärryt

Taczka

kori

Kosz

nousta / laskea

startować / lądować

kaupunki

Miasto

kylä

Wieś

keskusta

Centrum miasta

talo

Dom

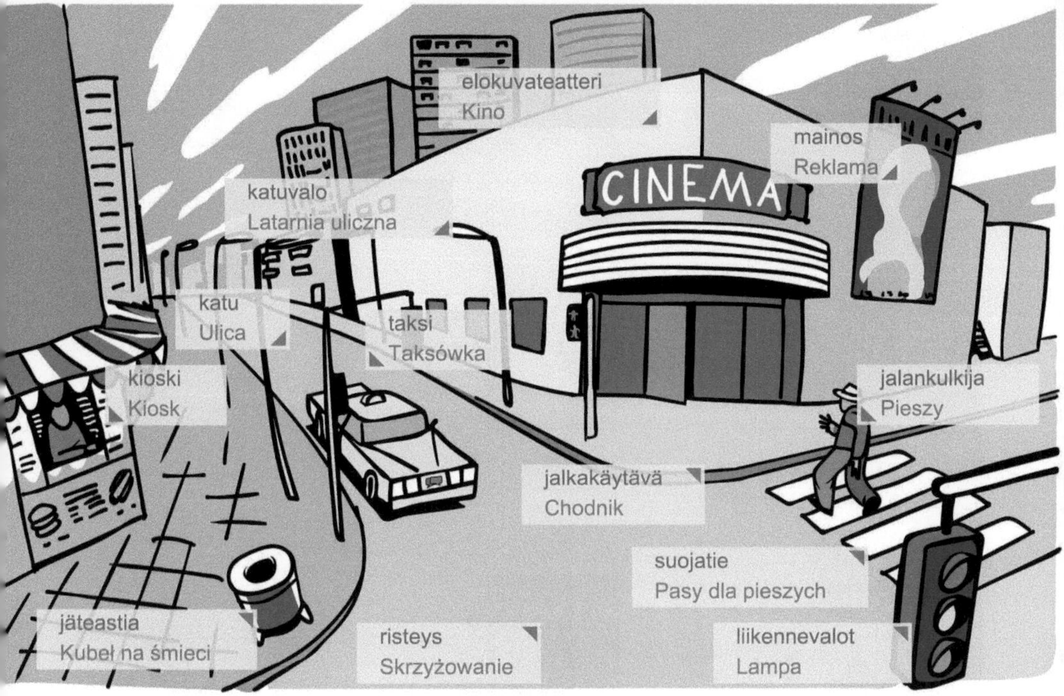
elokuvateatteri
Kino
mainos
Reklama
CINEMA
katuvalo
Latarnia uliczna
katu
Ulica
taksi
Taksówka
kioski
Kiosk
jalankulkija
Pieszy
jalkakäytävä
Chodnik
suojatie
Pasy dla pieszych
jäteastia
Kubeł na śmieci
risteys
Skrzyżowanie
liikennevalot
Lampa

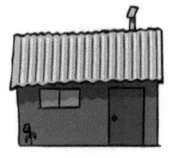

mökki

Chata

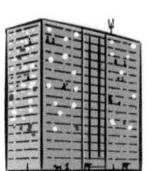

kerrostalo

Mieszkanie

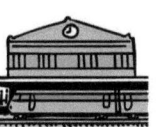

rautatieasema

Dworzec

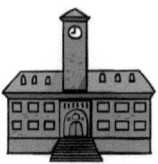

kaupungintalo

Ratusz

MUSEUM

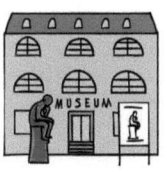

museo

Muzeum

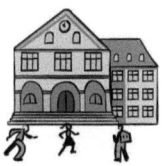

koulu

Szkoła

yliopisto

Uniwersytet

pankki

Bank

sairaala

Szpital

hotelli

Hotel

apteekki

Apteka

toimisto

Biuro

kirjakauppa

Księgarnia

liike

Sklep

kukkakauppa

Kwiaciarnia

supermarketti

Supermarket

tori

Rynek

tavaratalo

Dom towarowy

kalakauppias

Sklep z rybami

ostoskeskus

Centrum handlowe

satama

Port

puisto

Park

penkki

Ławka

silta

Most

portaat

Schody

metro

Metro

tunneli

Tunel

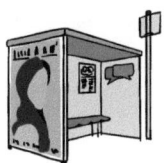

linja-autopysäkki

Przystanek autobusowy

baari

Bar

ravintola

Restauracja

postilaatikko

Skrzynka na listy

katukyltti

Tabliczka z nazwą ulicy

parkkimittari

Parkometr

eläintarha

Zoo

uimala

Łaźnia

moskeija

Meczet

maatila

Gospodarstwo chłopskie

ympäristön saastuminen

Zanieczyszczenie
środowiska

hautausmaa

Cmentarz

kirkko

Kościół

leikkikenttä

Plac zabaw

temppeli

Świątynia

maisema
Krajobraz

lehti
Liść

tienviitta
Drogowskaz

tie
Droga

niitty
Łąka

kivi
Kamień

puu
Drzewo

retkeilijä
Wędrowiec

joki
Rzeka

ruoho
Trawa

kukka
Kwiat

laakso
Dolina

vuori
Góra

järvi
Jezioro

metsä
Las

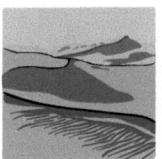

aavikko
Pustynia

tulivuori
Wulkan

linna
Zamek

sateenkaari
Tęcza

sieni
Grzyb

palmu
Palma

hyttynen
Komar

kärpänen
Mucha

muurahainen
Mrówka

mehiläinen
Pszczoła

hämähäkki
Pająk

kovakuoriainen

Chrząszcz

sammakko

Żaba

orava

Wiewiórka

siili

Jeż

jänis

Zając

pöllö

Sowa

lintu

Ptak

joutsen

Łabędź

villisika

Dzik

peura

Jeleń

hirvi

Łoś

pato

Tama

tuulimylly

Wiatrak

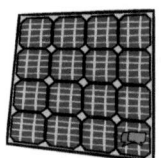

aurinkopaneeli

Moduł solarny

ilmasto

Klimat

ravintola
Restauracja

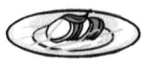

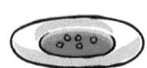

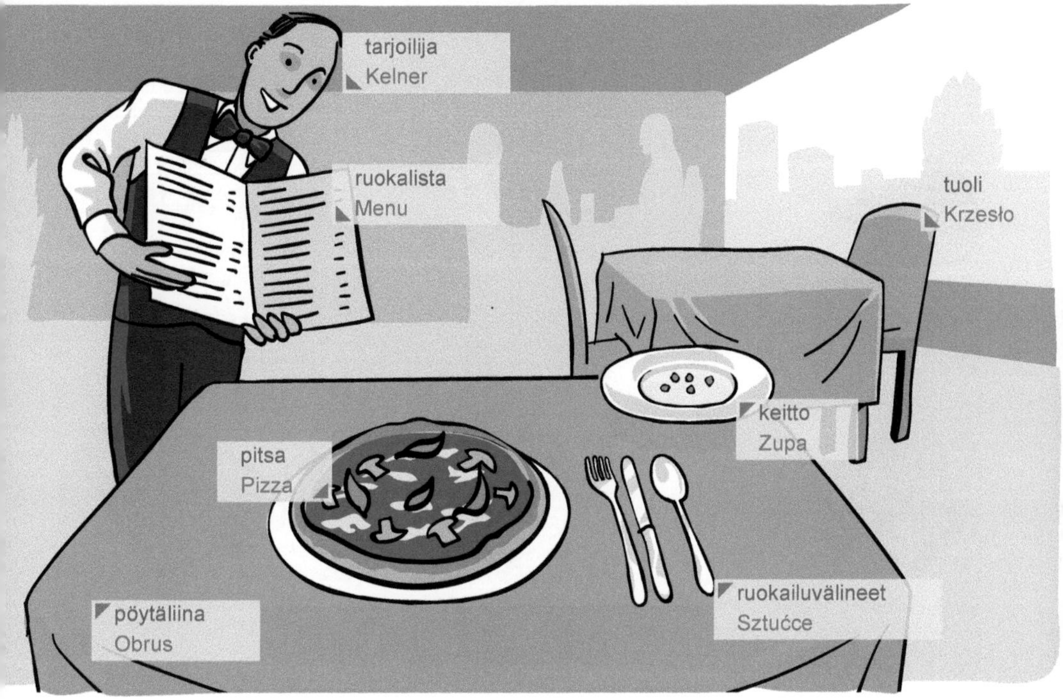

tarjoilija
Kelner
ruokalista
Menu
tuoli
Krzesło
keitto
Zupa
pitsa
Pizza
pöytäliina
Obrus
ruokailuvälineet
Sztućce

alkuruoka

Przystawka

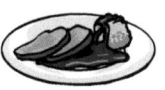

pääruoka

Danie główne

jälkiruoka

Deser

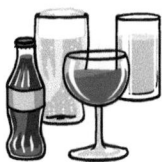

juomat

Napoje

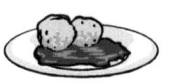

ruoka

Jedzenie

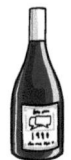

pullo

Butelka

pikaruoka

Fastfood

katuruoka

Streetfood

teekannu

Dzbanek na herbatę

sokeriastia

Cukierniczka

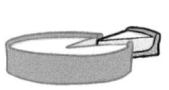

annos

Porcja

espressokeitin

Zaparzarka do espresso

syöttötuoli

Krzesło dla dziecka

lasku

Rachunek

tarjotin

Taca

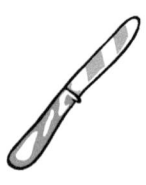

veitsi

Noż

haarukka

Widelec

lusikka

Łyżka

teelusikka

Łyżeczka

servietti

Serwetka

lasi

Szklanka

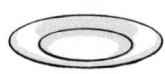

lautanen

Talerz

syvä lautanen

Talerz do zupy

aluslautanen

Podstawek pod filiżankę

kastike

Sos

suolasirotin

Solniczka

pippurimylly

Młynek do pieprzu

etikka

Ocet

öljy

Olej

mausteet

Przyprawy

ketsuppi

Keczup

sinappi

Musztarda

majoneesi

Majonez

supermarketti
Supermarket

tarjous
Oferta
FOR
asiakas
Klient
maitotuotteet
Produkty mleczne
hedelmät
Owoce
ostoskärryt
Wózek sklepowy

BUTCHERS

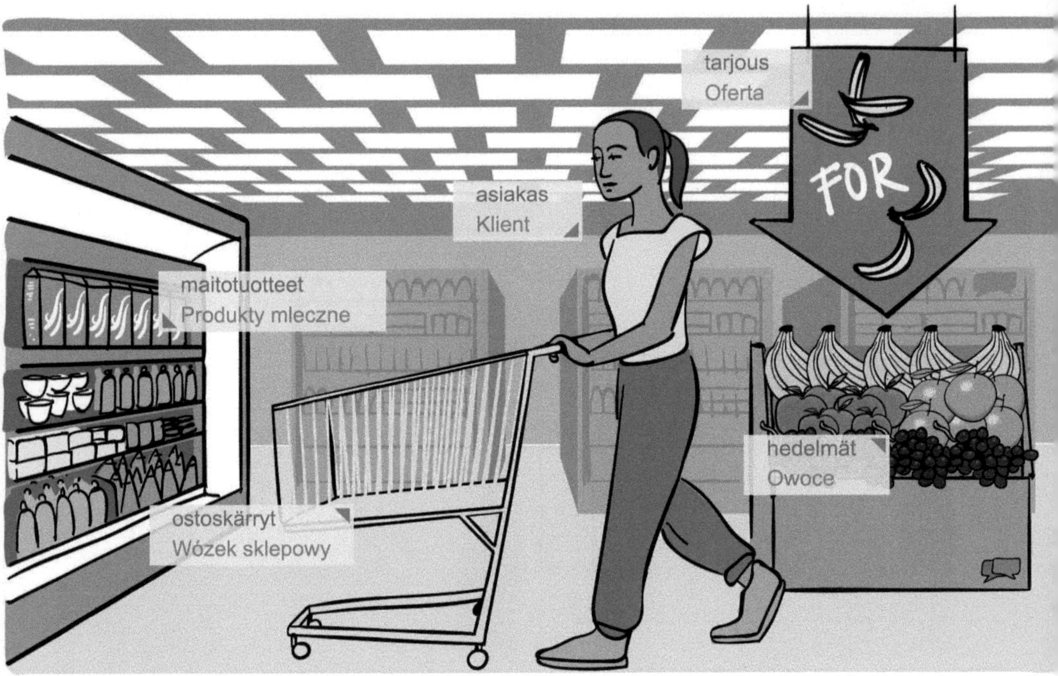

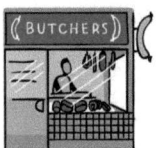

teurastamo

Rzeźnia

BAKERY

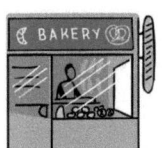

leipomo

Piekarnia

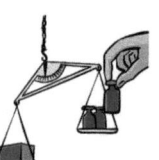

punnita

ważyć

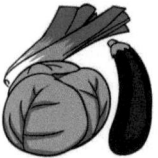

kasvikset

Warzywa

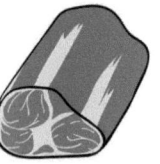

liha

Mięso

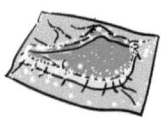

pakasteet

Mrożonki

leikkele

Wędliny

säilykkeet

Konserwy

pesujauhe

Proszek m do prania

makeiset

Słodycze

kotitaloustarvikkeet

Artykuły użytku domowego

puhdistusaineet

Środek czyszczący

myyjä

Sprzedawczyni

kassa

Kasa

kassanhoitaja

Kasjer

ostoslista

Lista zakupów

aukioloajat

Godziny otwarcia

lompakko

Portfel

luottokortti

Karta kredytowa

kassi

Torba

muovipussi

Torebka plastikowa

vesi

Woda

mehu

Sok

maito

Mleko

kokis

Cola

viini

Wino

olut

Piwo

alkoholi

Alkohol

kaakao

Kakao

tee

Herbata

kahvi

Kawa

espresso

Espresso

cappuccino

Cappuccino

banaani

Banan

omena

Jabłko

appelsiini

Pomarańcza

meloni

Arbuz

sitruuna

Cytryna

porkkana

Marchew

valkosipuli

Czosnek

bambu

Bambus

sipuli

Cebula

sieni

Grzyb

pähkinät

Orzechy

spagetti

Makaron

spagetti

Spaghetti

riisi

Ryż

salaatti

Sałatka

ranskalaiset

Frytki

paistetut perunat

Ziemniaki pieczone

pitsa

Pizza

hampurilainen

Hamburger

voileipä

Kanapka

leike

Sznycel

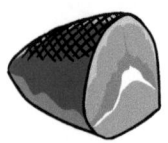

kinkku

Szynka

salami

Salami

makkara

Kiełbasa

kana

Kura

paisti

Pieczeń

kala

Ryba

kaurahiutaleet

Płatki owsiane

mysli

Musli

murot

Płatki kukurydziane

jauho

Mąka

voisarvi

Croissant

sämpylä

Bułka

leipä

Chleb

paahtoleipä

Toast

keksit

Ciastka

voi

Masło

rahka

Twarożek

kakku

Ciasto

kananmuna

Jajko

paistettu kananmuna

Jajko sadzone

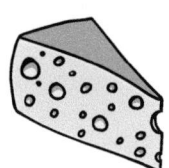

juusto

Ser

jäätelö

Lody

sokeri

Cukier

hunaja

Miód

hillo

Marmolada

suklaapähkinälevite

Krem nugatowy

curry

Curry

maatila
Dom rolnika

heinäpaali
Baloty słomy

lato; liiteri
Stodoła

pelto
Pole

hevonen
Koń

peräkärry
Przyczepa

varsa
Źrebię

traktori
Traktor

aasi
Osioł

karitsa
Jagnię

lammas
Owca

vuohi

Koza

lehmä

Krowa

vasikka

Cielę

sika

Świnia

porsas

Prosię

sonni

Byk

hanhi

Gęś

ankka

Kaczka

tipu

Kurczątko

kana

Kura

kukko

Kogut

rotta

Szczur

kissa

Kot

hiiri

Mysz

härkä

Osioł

koira

Pies

koirankoppi

Buda dla psa

puutarhaletku

Wąż ogrodowy

kastelukannu

Konewka

viikate

Kosa

aura

Pług

sirppi

Sierp

kuokka

Graca

talikko

Widły

kirves

Siekiera

kottikärryt

Taczka

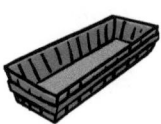

kaukalo

Koryto

maitokannu

Kanka na mleko

säkki

Worek

aita

Płot

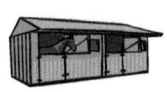

talli

Stajnia

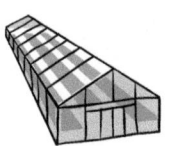

kasvihuone

Szklarnia

maa

Ziemia

siemen

Nasiona

lannoite

Nawóz

leikkuupuimuri

Kombajn zbożowy

kerätä sato

zbierać

sato

Żniwa

jamssit

Podchrzyn

vehnä

Pszenica

soija

Soja

peruna

Ziemniak

maissi

Kukurydza

rypsi

Rzepak

hedelmäpuu

Drzewo owocowe

maniokki

Maniok

vilja

Zboże

talo
Dom

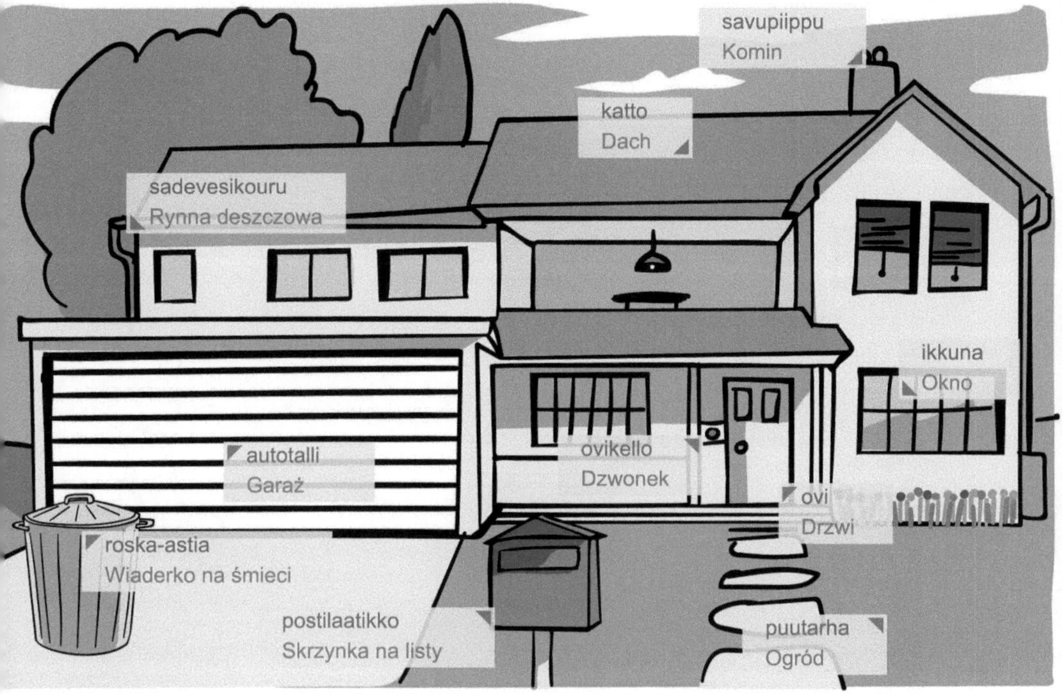
savupiippu
Komin
katto
Dach
sadevesikouru
Rynna deszczowa
ikkuna
Okno
autotalli
Garaż
ovikello
Dzwonek
ovi
Drzwi
roska-astia
Wiaderko na śmieci
postilaatikko
Skrzynka na listy
puutarha
Ogród

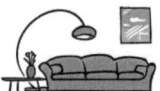

olohuone

Pokój dzienny

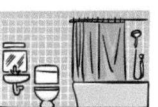

kylpyhuone

Łazienka

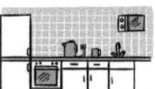

keittiö

Kuchnia

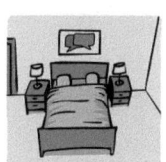

makuuhuone

Sypialnia

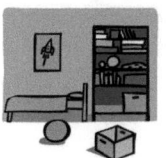

lastenhuone

Pokój dziecięcy

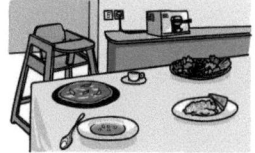

ruokahuone

Jadalnia

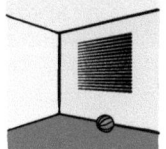

lattia

Ziemia

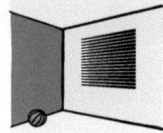

seinä

Ściana

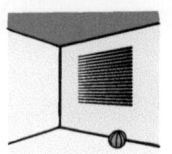

katto

Koc

kellari

Piwnica

sauna

Sauna

parveke

Balkon

terassi

Taras

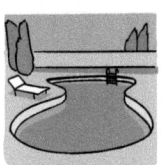

uima-allas

Basen

ruohonleikkuri

Kosiarka do trawy

lakana

Poszwa

päiväpeitto

Kołdra

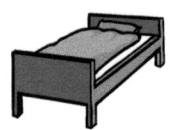

sänky

Łóżko

harja

Miotła

ämpäri

Wiadro

katkaisin

Włącznik

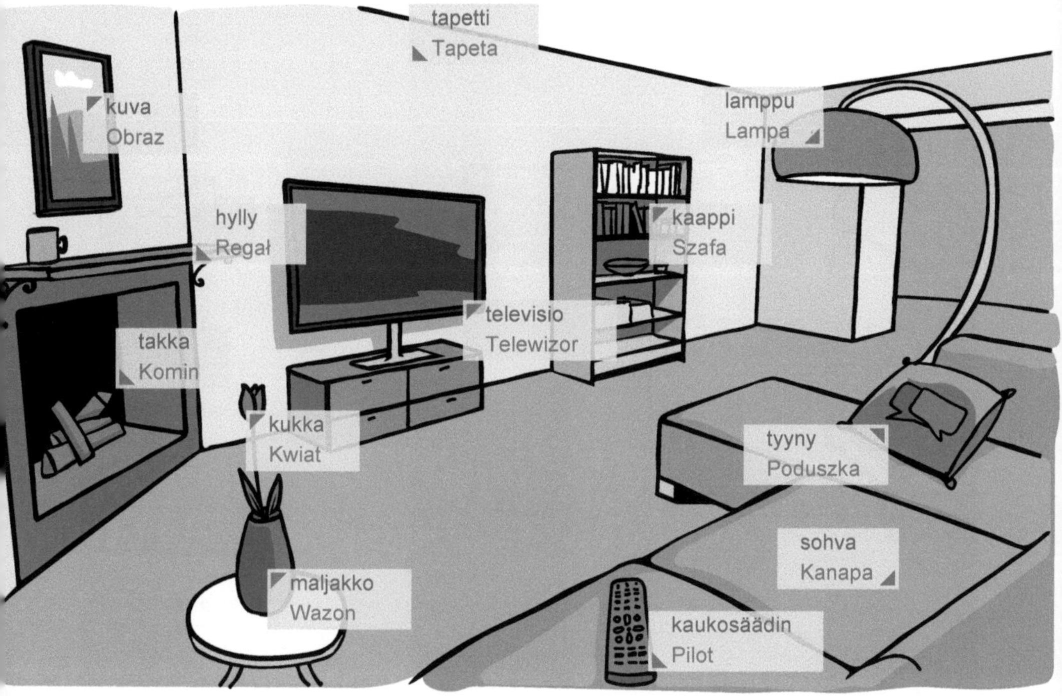

tapetti
Tapeta

kuva
Obraz

lamppu
Lampa

hylly
Regał

kaappi
Szafa

takka
Komin

televisio
Telewizor

kukka
Kwiat

tyyny
Poduszka

sohva
Kanapa

maljakko
Wazon

kaukosäädin
Pilot

matto
Dywan

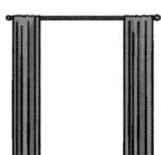

verho
Zasłona

pöytä
Stół

tuoli
Krzesło

keinutuoli
Bujak

nojatuoli
Fotel

kirja

Książka

peitto

Sufit

koriste

Dekoracja

polttopuut

Drewno kominkowe

elokuva

Film

stereot

Instalacja stereo

avain

Klucz

sanomalehti

Gazeta

maalaus

Malunek

juliste

Plakat

radio

Radio

muistivihko

Notatnik

pölynimuri

Odkurzacz

kaktus

Kaktus

kynttilä

Świeczka

keittiö
Kuchnia

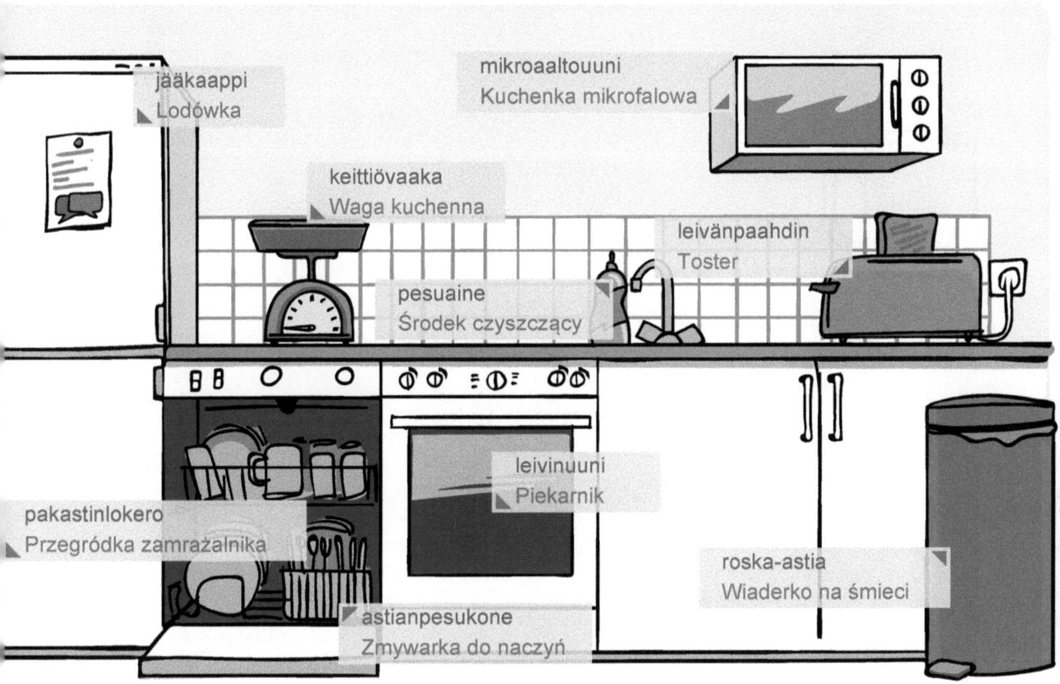

jääkaappi
Lodówka
mikroaaltouuni
Kuchenka mikrofalowa
keittiövaaka
Waga kuchenna
leivänpaahdin
Toster
pesuaine
Środek czyszczący
leivinuuni
Piekarnik
pakastinlokero
Przegródka zamrażalnika
roska-astia
Wiaderko na śmieci
astianpesukone
Zmywarka do naczyń

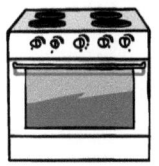

liesi

Kuchenka

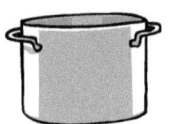

kattila

Garnek

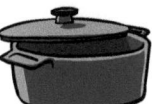

rautapata

Kocioł żeliwny

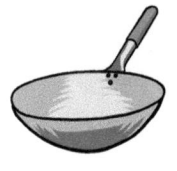

vokkipannu / kadai-pannu

Wok / Kadai

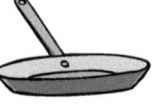

paistinpannu

Patelnia

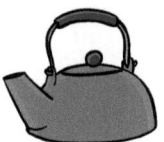

teepannu

Czajnik

höyrykeitin

Parowar

uunipelti

Blacha do pieczenia

astiat

Naczynia kuchenne

muki

Kubek

kulho

Miska

syömäpuikot

Pałeczki

kauha

Nabierka

paistinlasta

Łopatka do smażenia

vispilä

Trzepaczka do śmietany

siivilä

Cedzak

siivilä

Sitko

raastin

Tarka

mortteli

Moździerz

grilli

Grillowanie

avotuli

Palenisko

leikkuulauta

Deska

kaulin

Wałek do ciasta

korkinavaaja

Korkociąg

purkki

Puszka

purkinavaaja

Otwieracz do puszek

pannulappu

Ściereczka do trzymania garnka

lavuaari

Umywalka

tiskiharja

Szczotka

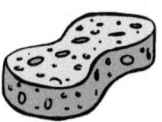

pesusieni

Gąbka

tehosekoitin

Mikser

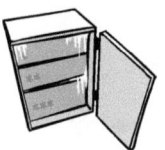

pakastin

Zamrażarka

tuttipullo

Butelka dla niemowlęcia

vesihana

Kran

kylpyhuone
Łazienka

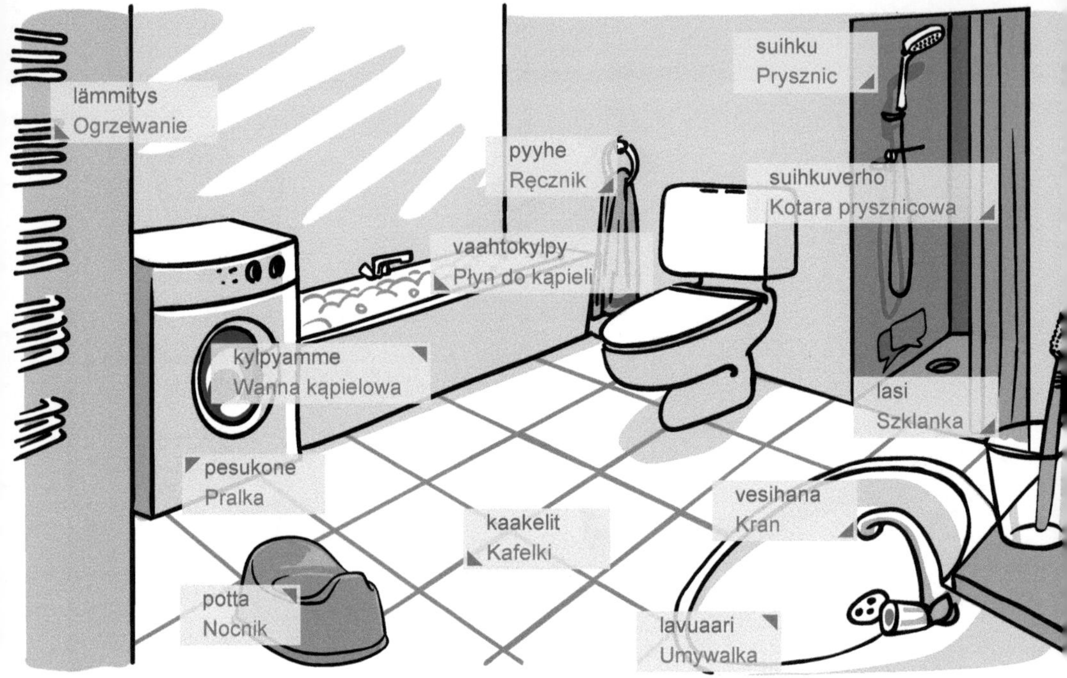
lämmitys
Ogrzewanie
suihku
Prysznic
pyyhe
Ręcznik
suihkuverho
Kotara prysznicowa
vaahtokylpy
Płyn do kąpieli
kylpyamme
Wanna kąpielowa
lasi
Szklanka
pesukone
Pralka
vesihana
Kran
kaakelit
Kafelki
potta
Nocnik
lavuaari
Umywalka

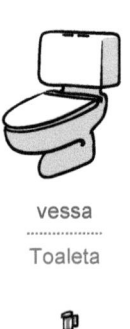

vessa

Toaleta

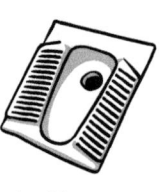

kyykkyvessa

Toaleta kuczna

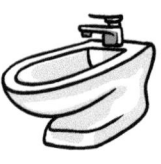

bidee

Bidet

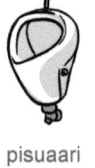

pisuaari

Pisuar

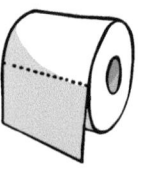

vessapaperi

Papier toaletowy

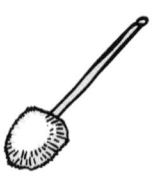

vessaharja

Szczotka toaletowa

hammasharja

Szczoteczka do zębów

hammastahna

Pasta do zębów

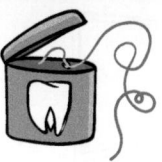

hammaslanka

Nitki do czyszczenia zębów

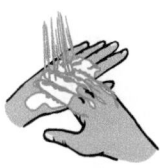

pestä

myć

käsisuihku

Głowica prysznicowa

intiimisuihku

Płyn kąpielowy do higieny intymnej

pesuvati

Miska do mycia

selkäharja

Szczotka kąpielowa

saippua

Mydło

suihkugeeli

Żel prysznicowy

shampoo

Szampon

pesulappu

Rękawica kąpielowa

viemäri

Odpływ

voide

Krem

deodorantti

Dezodorant

peili
Lustro

käsipeili
Lustro kosmetyczne

partaveitsi
Golarka

partavaahto
Pianka do golenia

partavesi
Woda po goleniu

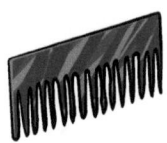

kampa
Grzebień

harja
Szczotka

hiustenkuivaaja
Suszarka do włosów

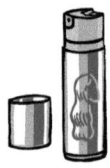

hiuslakka
Spray do włosów

meikki
Makijaż

huulipuna
Pomadka

kynsilakka
Lakier do paznokci

pumpuli
Wata

kynsisakset
Nożyczki do paznokci

hajuvesi
Perfum

kosmetiikkalaukku

Kosmetyczka

jakkara

Taboret

vaaka

Waga

kylpytakki

Szlafrok kąpielowy

kumihansikkaat

Rękawice gumowe

tamponi

Tampon

terveysside

Podpaska damska

kemiallinen wc

Toaleta chemiczna

lastenhuone
Pokój dziecięcy

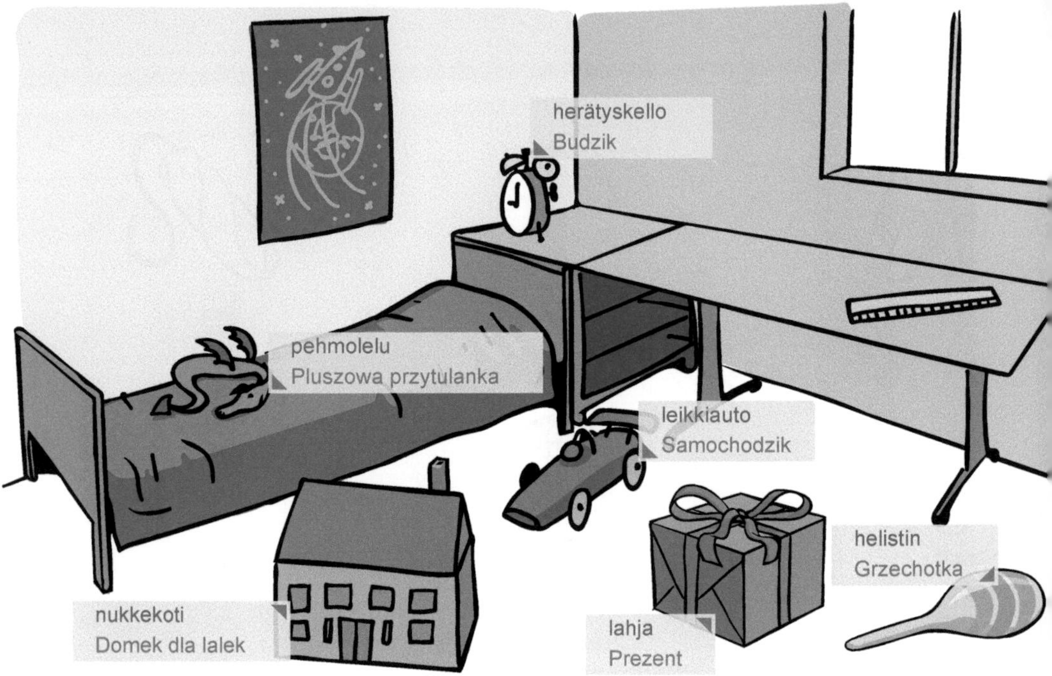
herätyskello
Budzik
pehmolelu
Pluszowa przytulanka
leikkiauto
Samochodzik
helistin
Grzechotka
nukkekoti
Domek dla lalek
lahja
Prezent

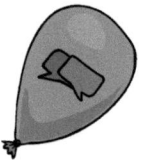

ilmapallo

Balon

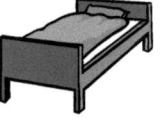

sänky

Łóżko

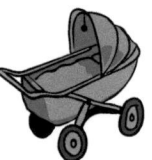

lastenvaunut

Wózek dziecięcy

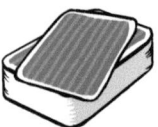

korttipeli

Gra w karty

palapeli

Puzzle

SUPER
MEGA

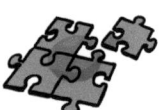

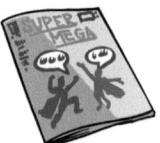

sarjakuva

Komiks

legopalikat

Klocki lego

rakennuspalikat

Klocki

supersankari

Action figura

potkupuku

Śpioszek dziecięcy

frisbee

Frisbee

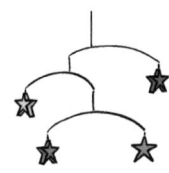

mobile

Zabawki ruchome

lautapeli

Gra planszowa

noppa

Kości

pienoisjunarata

Kolejka elektryczna

tutti

Smoczek

juhlat

Przyjęcie

kuvakirja

Książka z ilustracjami

pallo

Piłka

nukke

Lalka

leikkiä

bawić się

hiekkalaatikko

Piaskownica

keinu

Huśtawka

lelut

Zabawki

pelikonsoli

Konsola do gier

kolmipyörä

Rowerek trójkołowy

nalle

Pluszowy miś

vaatekaappi

Szafa ubraniowa

vaatteet
Ubiór

sukat

Skarpety

nylonsukat

Pończochy

sukkahousut

Rajstopy

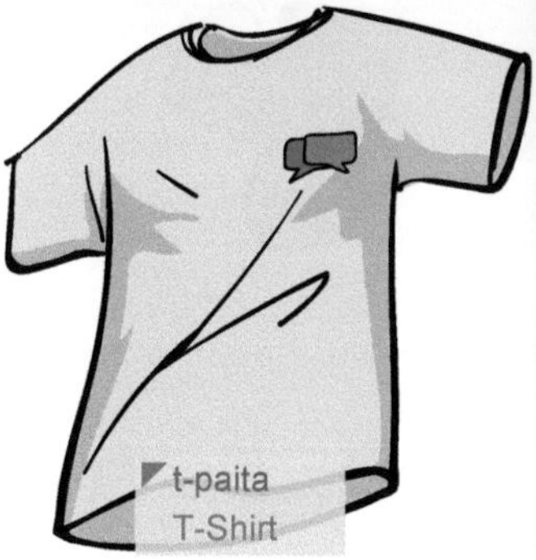

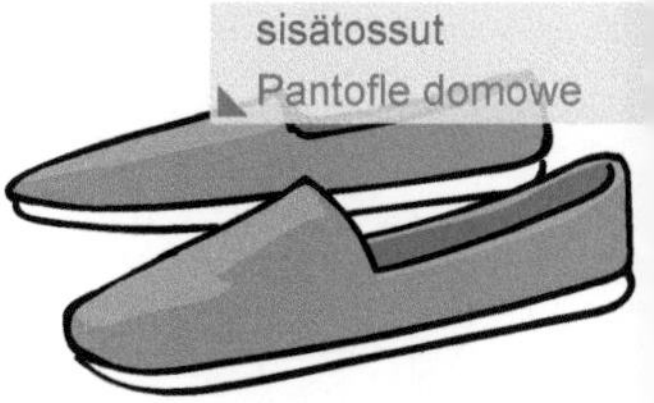

kaulaliina
Szal

vyö
Pasek

sateenvarjo
Parasol

t-paita
T-Shirt

saappaat
Kozaki

sisätossut
Pantofle domowe

lenkkarit
Obuwie sportowe

sandaalit
·················
Sandały

kengät
·················
Buty

kumisaappaat
·················
Kalosze

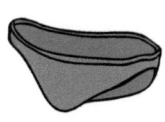

alushousut
·················
Majtki

rintaliivit
·················
Biustonosz

aluspaita
·················
Podkoszulek

body

Body

housut

Spodnie

farkut

Dżins

hame

Spódnica

pusero

Bluzka

paita

Koszula

villapaita

Pulower

collegepaita

Bluza sportowa

jakku

Marynarka

takki

Kurtka

takki

Płaszcz

sadetakki

Płaszcz przeciwdeszczowy

puku

Kostium

mekko

Sukienka

hääpuku

Suknia ślubna

puku
Garnitur męski

yöpaita
Koszula nocna

pyjama
Piżama

shari
Sari

päähuivi
Chusta na głowę

turbaani
Turban

burka
Burka

kaftaani
Kaftan

abaya
Abaya

uimapuku
Strój kąpielowy

uimahousut
Kąpielówki

shortsit
Krótkie spodnie

verkkarit
Dres sportowy

esiliina
Fartuch

käsineet
Rękawiczki

nappi

Guzik

silmälasit

Okulary

rannekoru

Bransoletka

kaulakoru

Łańcuszek

sormus

Pierścionek

korvakoru

Kolczyk

lippalakki

Czapka

ripustin

Wieszak

hattu

Kapelusz

solmio

Krawat

vetoketju

Zamek błyskawiczny

kypärä

Kask

henkselit

Szelki

koulupuku

Mundurek szkolny

univormu

Mundur

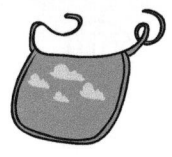

ruokalappu

Śliniaczek

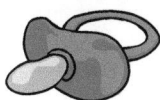

tutti

Smoczek

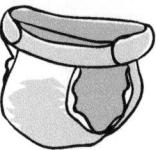

vaippa

Pieluszka

toimisto
Biuro

palvelin
Serwer
asiakirjakaappi
Szafa na akta
tulostin
Drukarka
paperi
Papier
näyttö
Monitor
hiiri
Mysz
kirjoituspöytä
Biurko
kansio
Segregator
näppäimistö
Klawiatura
roskakori
Kosz na odpadki
tietokone
Komputer
tuoli
Krzesło

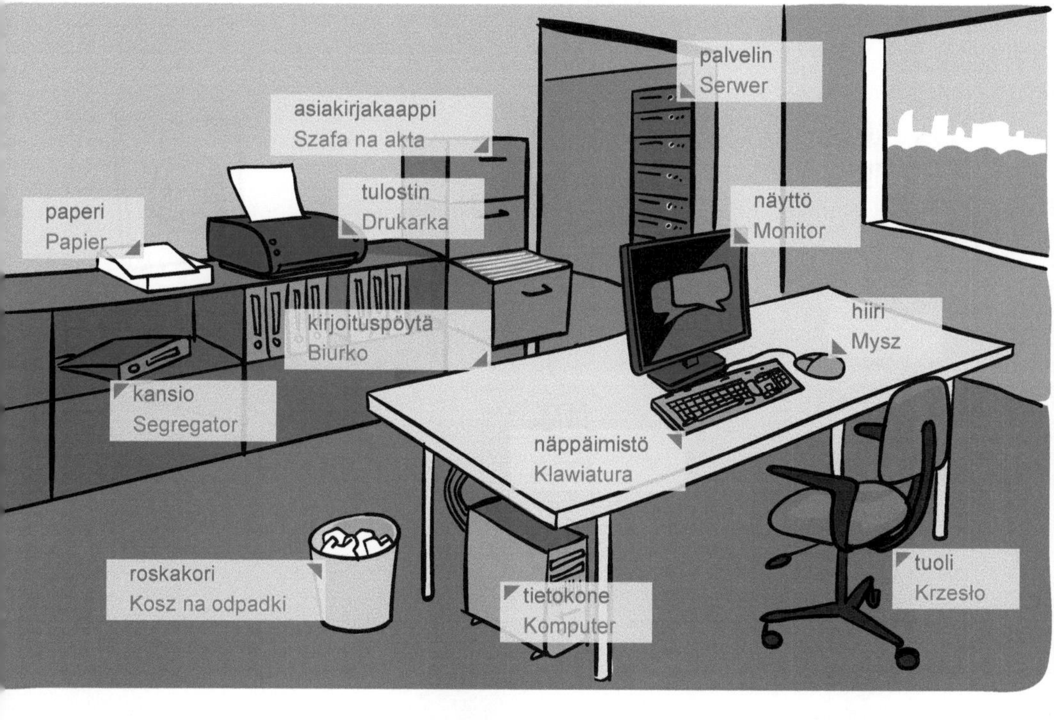

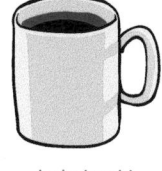

kahvimuki

Filiżanka do kawy

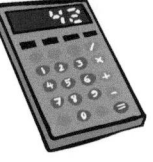

taskulaskin

Kalkulator

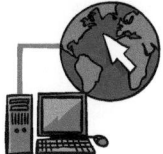

internet

Internet

kannettava tietokone

Laptop

kirje

List

viesti

Wiadomość

kännykkä

Komórka

verkko

Sieć

kopiokone

Kopiarka

ohjelmisto

Oprogramowanie

puhelin

Telefon

pistorasia

Gniazdko

faksi

Faks

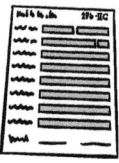

lomake

Formularz

asiakirja

Dokument

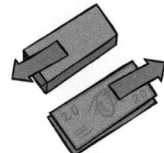

ostaa

kupić

maksaa

płacić

vaihtaa

postępować

raha

Pieniądze

dollari

Dolar

euro

Euro

jeni

Jen

rupla

Rubel

frangi

Frank

renminbi juan

Juan Renminbi

rupia

Rupia

pankkiautomaatti

Bankomat

rahanvaihto

Kantor wymiany walut

kulta

Złoto

hopea

Srebro

öljy

Olej

energia

Energia

hinta

Cena

sopimus

Umowa

vero

Podatek

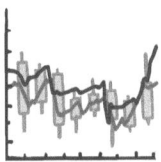

osake

Akcja

työskennellä

pracować

työntekijä

Pracownik umysłowy

työnantaja

Pracodawca

tehdas

Fabryka

liike

Sklep

poliisi
Policjant

palomies
Strażak

kokki
Kucharz

lääkäri
Lekarz

lentäjä
Pilot

puutarhuri

Ogrodnik

puuseppä

Stolarz

ompelija

Krawcowa

tuomari

Sędzia

kemisti

Chemik

näyttelijä

Aktor

linja-autonkuljettaja

Kierowca autobusu

taksinkuljettaja

Taksówkarz

kalastaja

Fischer

siivooja

Sprzątaczka

katontekijä

Dekarz

tarjoilija

Kelner

metsästäjä

Myśliwy

maalari

Malarz

leipuri

Piekarz

sähköasentaja

Elektryk

rakentaja

Robotnik budowlany

insinööri

Inżynier

teurastaja

Rzeźnik

putkiasentaja

Instalator

postinjakaja

Listonosz

sotilas

Żołnierz

arkkitehti

Architekt

kassanhoitaja

Kasjer

floristi

Florysta

kampaaja

Fryzjer

konduktööri

Konduktor

mekaanikko

Mechanik

kapteeni

Kapitan

hammaslääkäri

Dentysta

tiedemies

Naukowiec

rabbi

Rabin

imaami

Imam

munkki

Mnich

pappi

Proboszcz

työkalut
Narzędzia

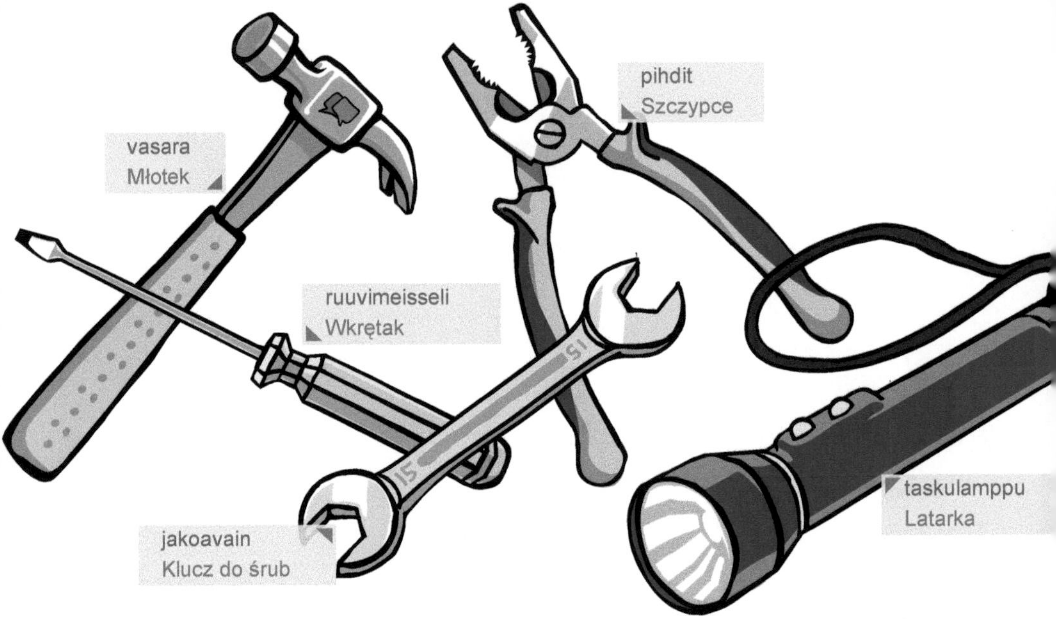
vasara
Młotek
pihdit
Szczypce
ruuvimeisseli
Wkrętak
jakoavain
Klucz do śrub
taskulamppu
Latarka

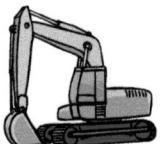

kaivinkone

Koparka

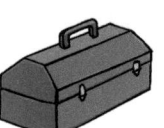

työkalupakki

Skrzynka narzędziowa

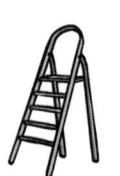

tikkaat

Drabina

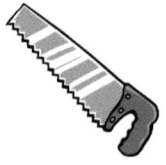

saha

Piła

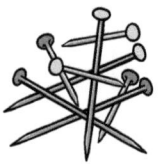

naulat

Gwoździe

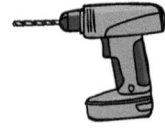

pora

Wiertło

korjata
naprawić

lapio
Łopatka

Hitto!
Cholera!

rikkalapio
Szufelka

maalipurkki
Puszka z farbą

ruuvit
Śruby

soittimet
Instrumenty muzyczne

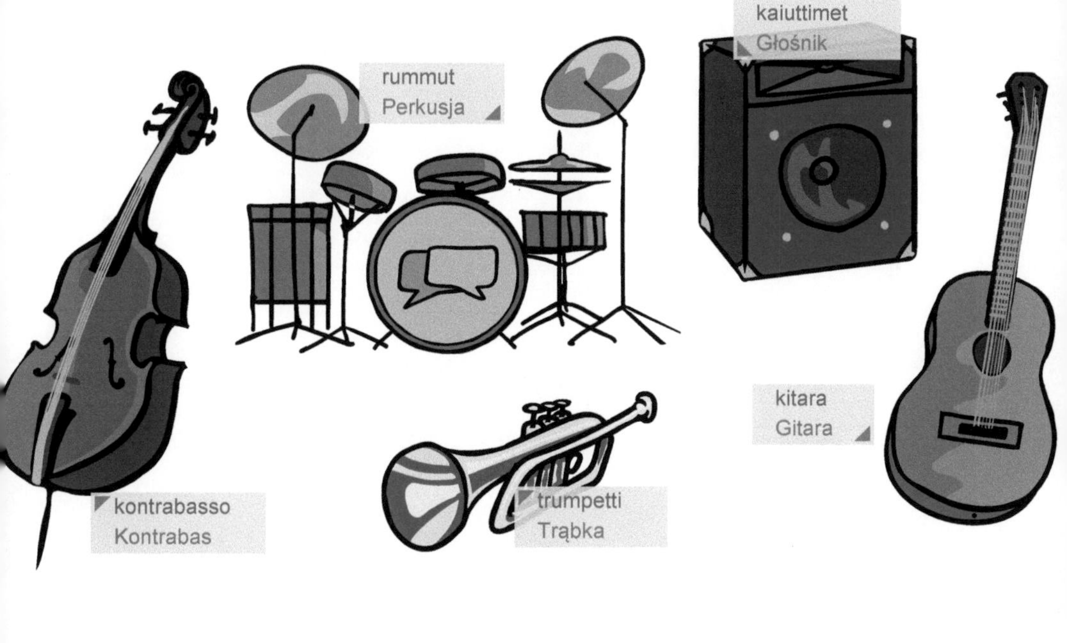

kaiuttimet
Głośnik

rummut
Perkusja

kitara
Gitara

kontrabasso
Kontrabas

trumpetti
Trąbka

piano

Pianino

viulu

Skrzypce

basso

Bas

patarummut

Kotły

rumpu

Bęben

kosketinsoitin

Keyboard

saksofoni

Saksofon

huilu

Flet

mikrofoni

Mikrofon

eläintarha
Zoo

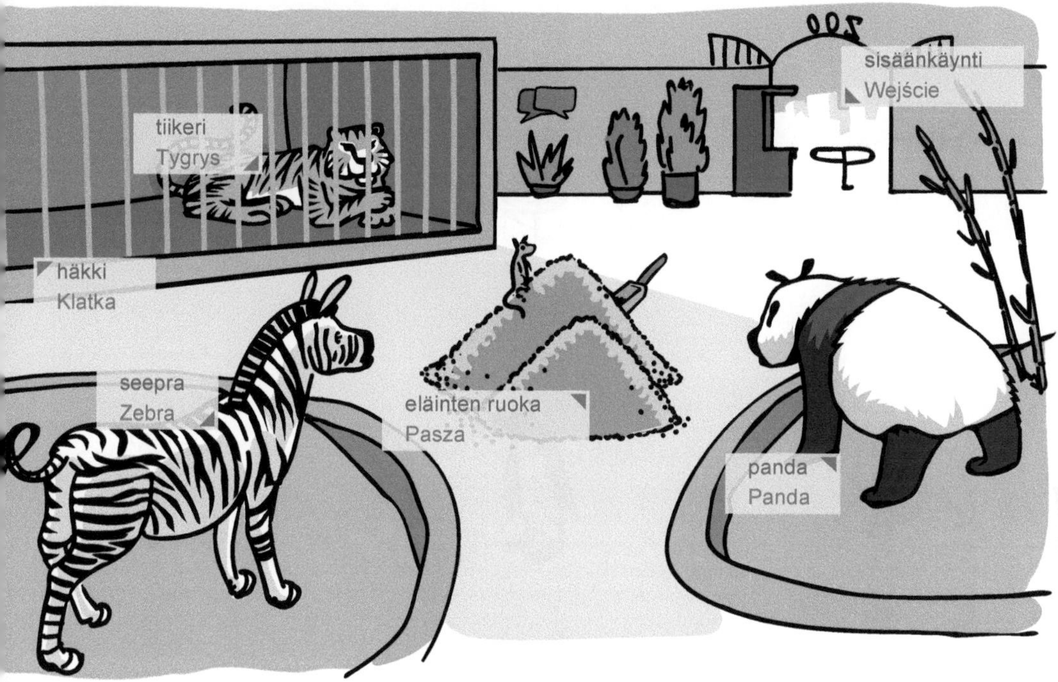
sisäänkäynti
Wejście
tiikeri
Tygrys
häkki
Klatka
seepra
Zebra
eläinten ruoka
Pasza
panda
Panda

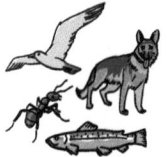

eläimet

Zwierzęta

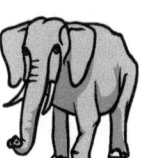

norsu

Słoń

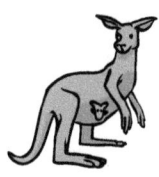

kenguru

Kangur

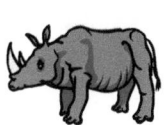

sarvikuono

Nosorożec

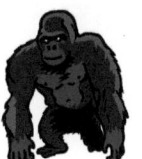

gorilla

Goryl

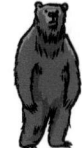

karhu

Niedźwiedź

kameli

Wielbłąd

strutsi

Struś

leijona

Lew

apina

Małpa

flamingo

Fleming

papukaija

Papuga

jääkarhu

Niedźwiedź polarny

pingviini

Pingwin

hai

Rekin

riikinkukko

Paw

käärme

Wąż

krokotiili

Krokodyl

eläintarhanhoitaja

Dozorca w zoo

hylje

Foka

jaguaari

Jaguar

poni

Kucyk

leopardi

Gepard

virtahepo

Hipopotam

kirahvi

Żyrafa

kotka

Orzeł

villisika

Dzik

kala

Ryba

kilpikonna

Żółw

mursu

Mors

kettu

Lis

gaselli

Gazela

amerikkalainen jalkapallo
Futbol amerykański

pyöräily
Kolarstwo

tennis
Tenis

koripallo
Koszykówka

uinti
Pływanie

nyrkkeily
Boks

jääkiekko
Hokej na lodzie

jalkapallo
Piłka nożna

sulkapallo
Badminton

yleisurheilu
Lekka atletyka

käsipallo
Piłka ręczna

hiihto
Narciarstwo

poolo
Polo

nauraa
śmiać się

hypätä
skakać

halata
objąć

kävellä
iść

laulaa
śpiewać

unelmoida
marzyć

rukoilla
modlić się

suudella
całować

kirjoittaa

pisać

piirtää

rysować

näyttää

pokazywać

painaa

nacisnąć

antaa

dać

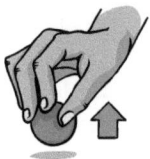

ottaa

wziąć

omistaa

mieć

tehdä

robić

olla

być

seisoa

stać

juosta

biegać

vetää

ciągnąć

heittää

rzucać

kaatua

spaść

maata

leżeć

odottaa

czekać

kantaa

nosić

istua

siedzieć

pukeutua

zakładać

nukkua

spać

herätä

budzić się

katsoa
spojrzeć

itkeä
płakać

silittää
głaskać

kammata
czesać się

puhua
mówić

ymmärtää
rozumieć

kysyä
pytać

kuunnella
słyszeć

juoda
pić

syödä
jeść

siivota
sprzątać

rakastaa
kochać

keittää
gotować

ajaa
jechać

lentää
latać

purjehtia

żeglować

laskea

liczyć

lukea

czytać

oppia

uczyć się

työskennellä

pracować

mennä naimisiin

wejść w związek małżeński

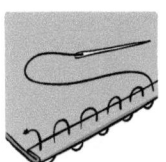

ommella

szyć

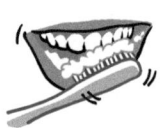

pestä hampaat

myć zęby

tappaa

zabić

tupakoida

palić tytoń

lähettää

wysłać

mummo
Babcia

ukki
Dziadek

isä
Ojciec

äiti
Matka

vauva
Niemowlę

tytär
Córka

poika
Syn

vieras
Gość

täti
Ciotka

setä
Wujek

veli
Brat

sisko
Siostra

vartalo
Ciało

otsa
Czoło
silmä
Oko
olkapää
Ramię
sormet
Palec
kasvot
Twarz
leuka
Broda
käsi
Ręka
jalka
Noga
rinta
Pierś
käsivarsi
Ramię

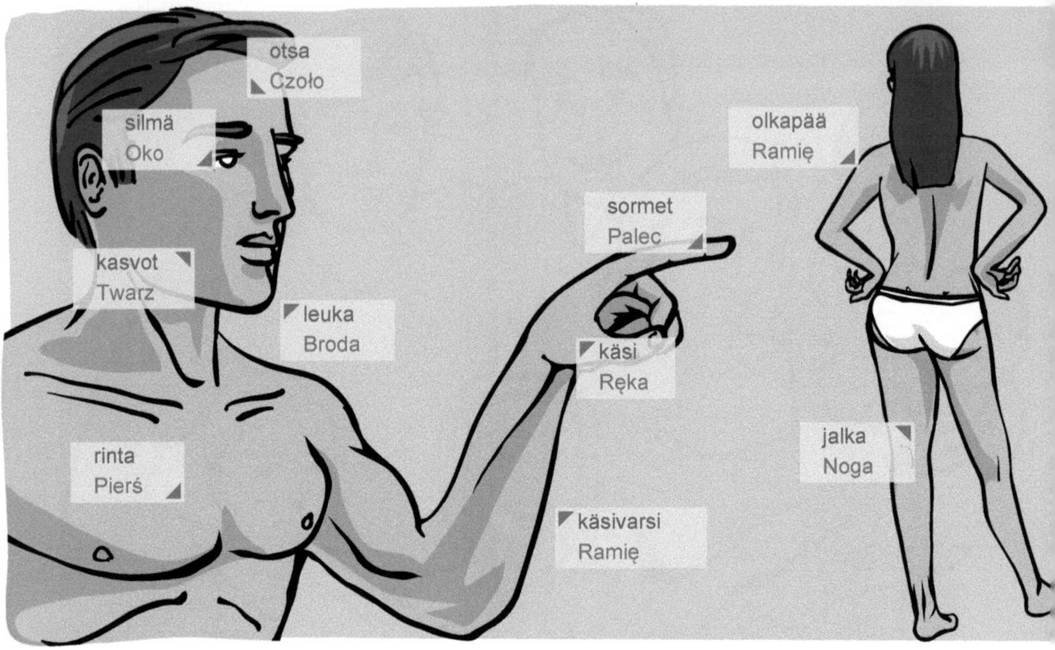

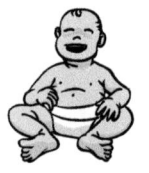

vauva

Niemowlę

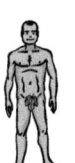

mies

Mężczyzna

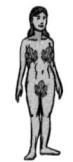

nainen

Kobieta

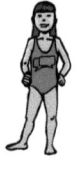

tyttö

Dziewczyna

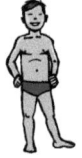

poika

Chłopiec

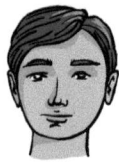

pää

Głowa

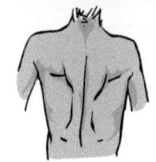

selkä

Plecy

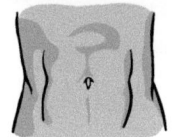

maha

Brzuch

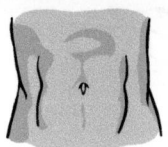

napa

Pępek

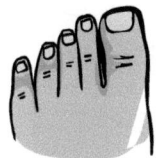

varvas

palec nogi

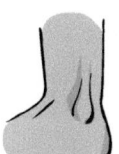

kantapää

Pięta

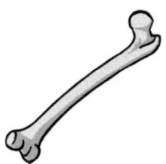

luu

Kość

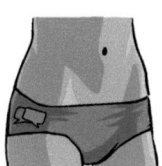

lantio

Biodro

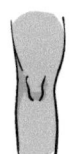

polvi

Kolano

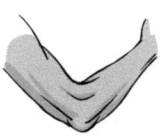

kyynärpää

Łokieć

nenä

Nos

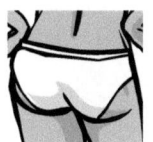

takapuoli

Pośladki

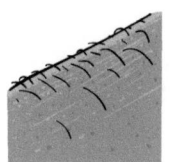

iho

Skóra

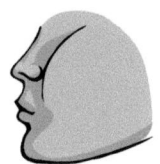

poski

Policzek

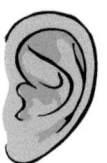

korva

Uszy

huuli

Warga

suu

Usta

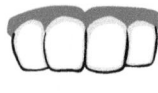

hammas

Ząb

kieli

Język

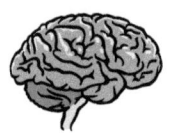

aivot

Mózg

sydän

Serce

lihas

Mięsień

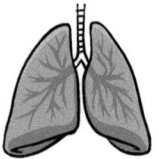

keuhkot

Płuca

maksa

Wątroba

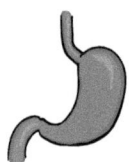

vatsa

Żołądek

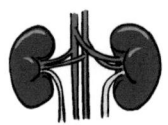

munuaiset

Nerki

seksi

Stosunek płciowy

kondomi

Kondom

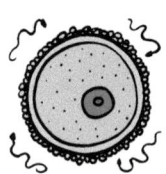

munasolu

Komórka jajowa

sperma

Sperma

raskaus

Ciąża

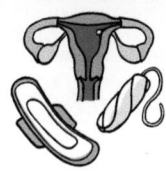

kuukautiset

Menstruacja

vagina

Wagina

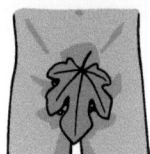

penis

Penis

kulmakarvat

Brew

hiukset

Włosy

niska

Szyja

sairaala
Szpital

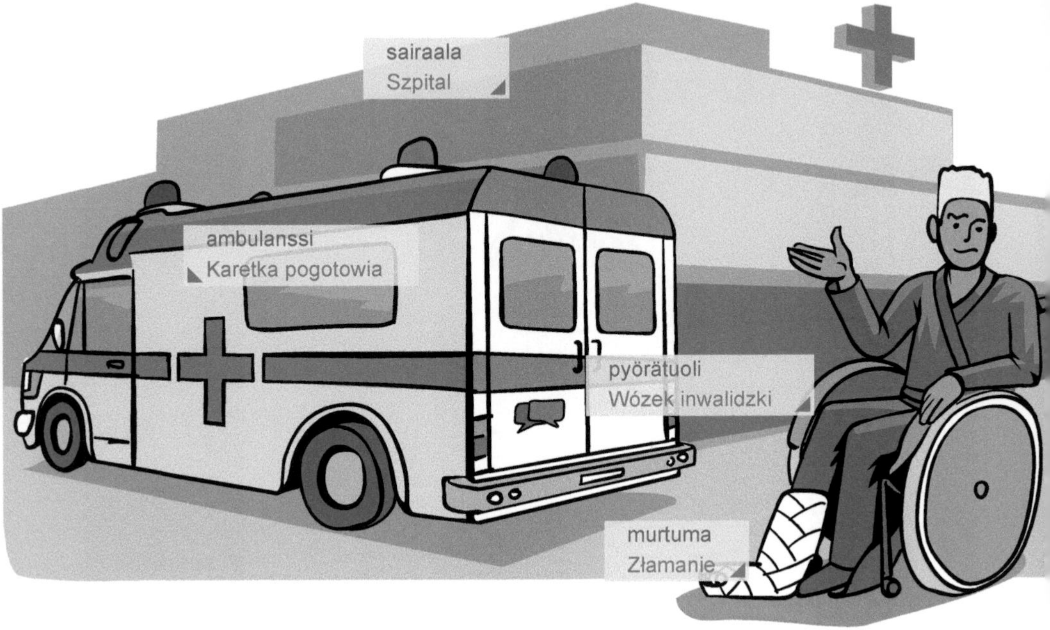

sairaala
Szpital
ambulanssi
Karetka pogotowia
pyörätuoli
Wózek inwalidzki
murtuma
Złamanie

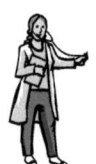

lääkäri

Lekarz

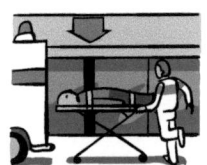

ensiapu

Izba przyjęć

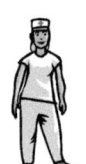

sairaanhoitaja

Pielęgniarka

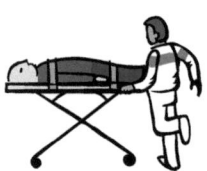

hätätilanne

Nagły przypadek

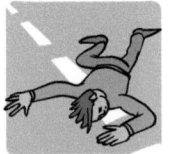

tajuton

nieprzytomny

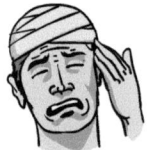

kipu

Ból

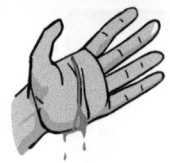

vamma

Skaleczenie

verenvuoto

Krwawienie

sydänkohtaus

Zawał serca

aivoinfarkti

Udar mózgu

allergia

Alergia

yskä

Kaszleć

kuume

Gorączka

flunssa

Grypa

ripuli

Biegunka

päänsärky

Ból głowy

syöpä

Rak

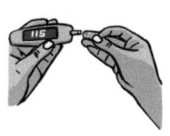

diabetes

Cukrzyca

kirurgi

Chirurg

veitsi

Skalpel

leikkaus

Operacja

sairaala - Szpital

ct

CT

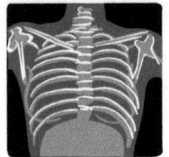

röntgen

Rentgen

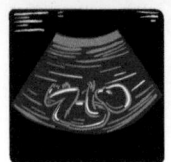

ultraääni

Ultradźwięki

maski

Maska

sairaus

Choroba

odotushuone

Poczekalnia

sauva

Kula

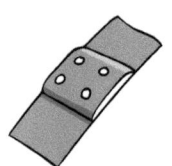

laastari

Plaster

side

Opatrunek

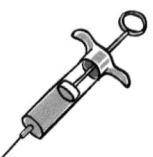

pistos

Iniekcja

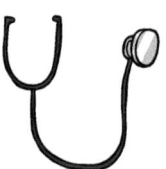

stetoskooppi

Stetoskop

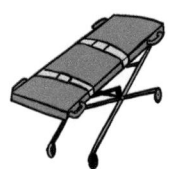

paarit

Nosze

kuumemittari

Termometr

syntymä

Poród

ylipaino

Nadwaga

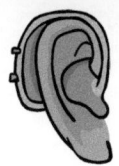

kuulolaite

Aparat słuchowy

desinfiointiaine

Środek dezynfekcyjny

infektio

Infekcja

virus

Wirus

HIV / AIDS

HIV / AIDS

lääke

Medycyna

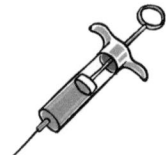

rokotus

Szczepienie

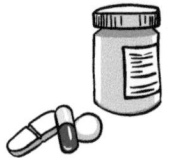

tabletit

Tabletki

pilleri

Piguła

hätäpuhelu

Telefon ratunkowy

verenpainemittari

Ciśnieniomierz krwi

sairas / terve

chory / zdrowy

Apua!

Pomocy!

hälytys

Alarm

ryöstö

Napad

hyökkäys

Atak

vaara

Niebezpieczeństwo

hätäuloskäynti

Wyjście awaryjne

Tulipalo!

Pożar!

palosammutin

Gaśnica

onnettomuus

Wypadek

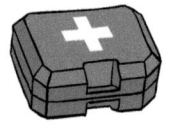

ensiapulaukku

Walizeczka pierwszej
pomocy

SOS

SOS

poliisilaitos

Policja

Eurooppa

Europa

Pohjois-Amerikka

Ameryka Północna

Etelä-Amerikka

Ameryka Południowa

Afrikka

Afryka

Aasia

Azja

Australia

Australia

Atlantin valtameri

Atlantyk

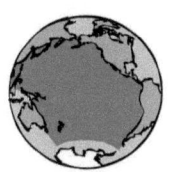

Tyynimeri

Pacyfik

Intian valtameri

Ocean Indyjski

Eteläinen jäämeri

Ocean Antarktyczny

Pohjoinen jäämeri

Ocean Arktyczny

pohjoisnapa

Biegun północny

etelänapa

Biegun południowy

Antarktis

Antarktyda

maa

Ziemia

maa

Kraj

meri

Morze

saari

Wyspa

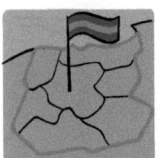

kansa

Naród

osavaltio

Państwo

kellotaulu

Cyferblat

tuntiviisari

Wskazówka godzinowa

minuuttiviisari

Wskazówka minutowa

sekuntiviisari

Wskazówka sekundowa

Paljonko kello on?

Która godzina?

päivä

Dzień

aika

Czas

nyt

teraz

digitaalikello

Zegarek digitalny

minuutti

Minuta

tunti

Godzina

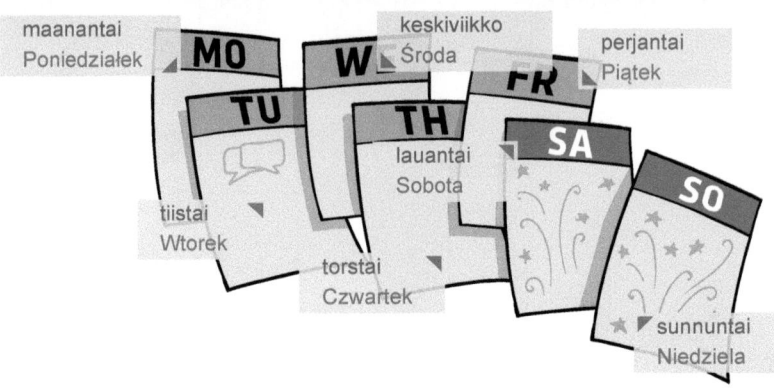

maanantai
Poniedziałek

keskiviikko
Środa

perjantai
Piątek

tiistai
Wtorek

lauantai
Sobota

torstai
Czwartek

sunnuntai
Niedziela

eilen

wczoraj

tänään

dzisiaj

huomenna

jutro

aamu

Rano

keskipäivä

Południe

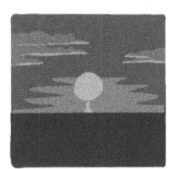

ilta

Wieczór

MO	TU	WE	TH	FR	SA	SU
1	2	3	4	5	6	7
8	9	10	11	12	13	14
15	16	17	18	19	20	21
22	23	24	25	26	27	28
29	30	31	1	2	3	4

työpäivät

Dni robocze

MO	TU	WE	TH	FR	SA	SU
1	2	3	4	5	6	7
8	9	10	11	12	13	14
15	16	17	18	19	20	21
22	23	24	25	26	27	28
29	30	31	1	2	3	4

viikonloppu

Weekend

vuosi
Rok

sade
Deszcz
sateenkaari
Tęcza
tuuli
Wiatr
lumi
Śnieg
kevät
Wiosna
syksy
Jesień
kesä
Lato
talvi
Zima

4.APRIL 11°
5.APRIL 4°
6.APRIL 13°
7.APRIL 8°
8.APRIL 10°

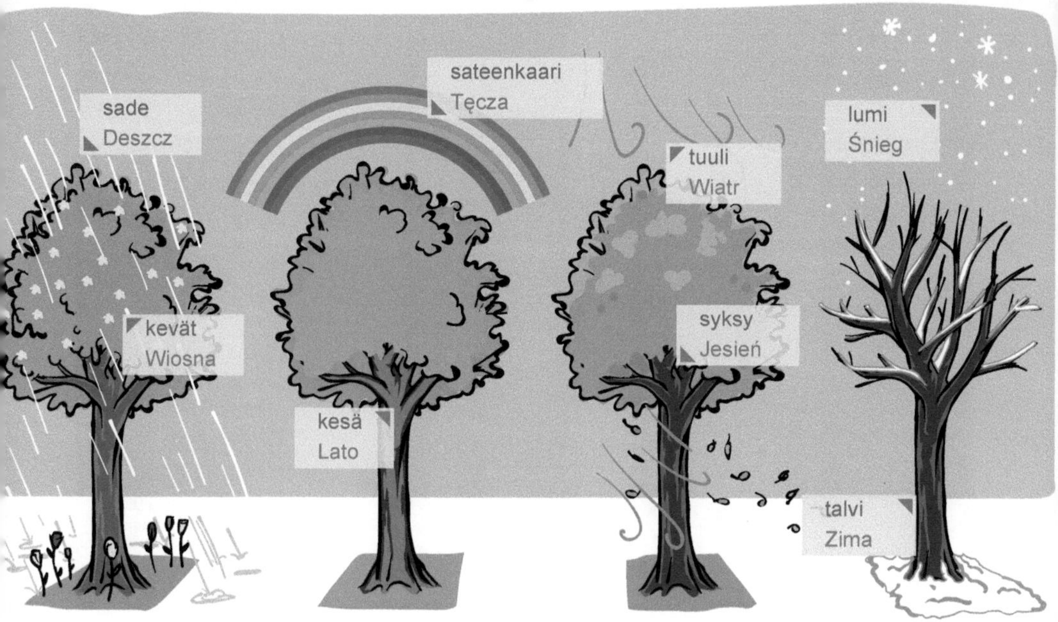

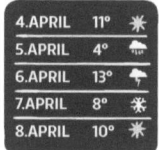

sääennuste

Prognoza pogody

F C
120 40
90 30
60 20
30 10
0 0
-30 -10
-20

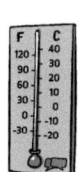

lämpömittari

Termometr

auringonpaiste

Światło słoneczne

pilvi

Chmura

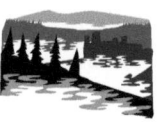

sumu

Mgła

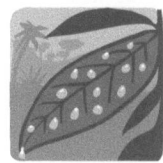

ilmankosteus

Wilgotność powietrza

salama

Błyskawica

ukkonen

Grzmot

myrsky

Sztorm

rae

Grad

monsuuni

Monsun

tulva

Potop

jää

Lód

tammikuu

Styczeń

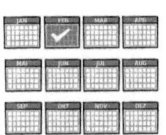

helmikuu

Luty

maaliskuu

Marzec

huhtikuu

Kwiecień

toukokuu

Maj

kesäkuu

Czerwiec

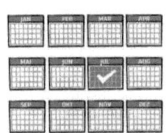

heinäkuu

Lipiec

elokuu

Sierpień

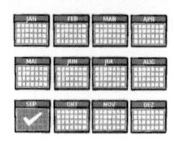

syyskuu
....
Wrzesień

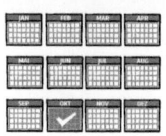

lokakuu
....
Październik

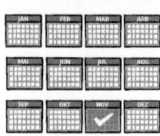

marraskuu
....
Listopad

joulukuu
....
Grudzień

muodot
Kształty

ympyrä
....
Koło

neliö
....
Kwadrat

suorakulmio
....
Prostokąt

kolmio
....
Trójkąt

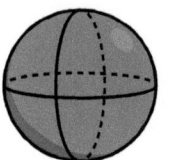

pallo
....
Kula

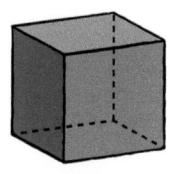

kuutio
....
Sześcian

valkoinen

biały

keltainen

żółty

oranssi

pomarańczowy

vaaleanpunainen

różowy

punainen

czerwony

violetti

liliowy

sininen

niebieski

vihreä

zielony

ruskea

brązowy

harmaa

szary

musta

czarny

paljon / vähän

dużo / mało

vihainen / ystävällinen

wściekły / spokojny

kaunis / ruma

piękny / brzydki

alku / loppu

początek / koniec

suuri / pieni

duży / mały

vaalea / tumma

jasny / ciemny

veli / sisko

brat / siostra

puhdas / likainen

czysty / brudny

täydellinen / epätäydellinen

kompletny / niekompletny

päivä / yö

dzień / noc

kuollut / elävä

umarły / żywy

leveä / kapea

szeroki / wąski

syötävä / syömäkelvoton

jadalny / niejadalny

paha / kiltti

zły / uprzejmy

innostunut / tylsistynyt

podniecony / znudzony

lihava / laiha

gruby / chudy

ensimmäinen / viimeinen

najpierw / na końcu

ystävä / vihollinen

przyjaciel / wróg

täysi / tyhjä

pełen / pusty

kova / pehmeä

twardy / miękki

painava / kevyt

ciężki / lekki

nälkä / jano

głód / pragnienie

sairas / terve

chory / zdrowy

laiton / laillinen

nielegalny / legalny

älykäs / tyhmä

inteligentny / głupi

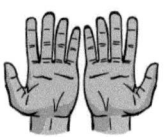

vasen / oikea

lewo / prawo

lähellä / kaukana

bliski / daleki

uusi / käytetty

nowy / używany

ei mitään / jotain

nic / coś

vanha / nuori

stary / młody

päällä / pois päältä

włącz / wyłącz

auki / kiinni

otwarty / zamknięty

hiljainen / äänekäs

cichy / głośny

rikas / köyhä

bogaty / biedny

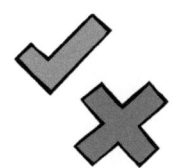

oikein / väärin

prawidłowy / błędny

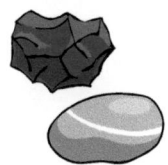

karhea / sileä

chropowaty / gładki

surullinen / iloinen

smutny / szczęśliwy

lyhyt / pitkä

krótki / długi

hidas / nopea

powolny / szybki

märkä / kuiva

mokry/suchy

lämmin / viileä

ciepły / chłodny

sota / rauha

wojna / pokój

0

nolla

zero

1

yksi

jeden

2

kaksi

dwa

3

kolme

trzy

4

neljä

cztery

5

viisi

pięć

6

kuusi

sześć

7

seitsemän

siedem

8

kahdeksan

osiem

9

yhdeksän

dziewięć

10

kymmenen

dziesięć

11

yksitoista

jedenaście

12

kaksitoista

dwanaście

13

kolmetoista

trzynaście

14

neljätoista

czternaście

15

viisitoista

piętnaście

16

kuusitoista

szesnaście

17

seitsemäntoista

siedemnaście

18

kahdeksantoista

osiemnaście

19

yhdeksäntoista

dziewiętnaście

20

kaksikymmentä

dwadzieścia

100

sata

sto

1.000

tuhat

tysiąc

1.000.000

miljoona

milion

englanti

Angielski

amerikanenglanti

Angielski amerykański

mandariinikiina

Chiński mandaryński

hindi

Hindi

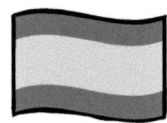

espanja

Hiszpański

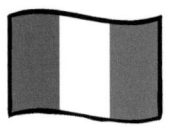

ranska

Francuski

arabia

Arabski

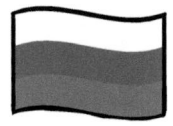

venäjä

Rosyjski

portugali

Portugalski

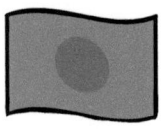

bengali

Bengalski

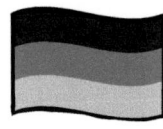

saksa

Niemiecki

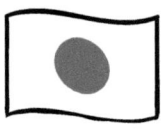

japani

Japoński

minä

ja

sinä

ty

hän

on / ona / ono

me

my

te

wy

he

oni

kuka?

kto?

mitä / mikä?

co?

miten?

jak?

missä?

gdzie?

milloin?

kiedy?

HELLO, I AM

nimi

Nazwisko

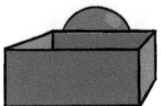

takana

za

sisällä

w

edessä

przed

yläpuolella

powyżej

päällä

na

alapuolella

pod

vieressä

obok

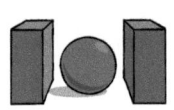

välissä

między

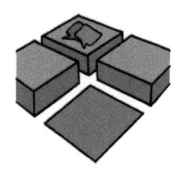

paikka

Miejsce